First Picture Dictionary
Animals
पहला चित्र शब्दकोश
जानवर

Pig
सूअर

Rabbit
खरगोश

Butterfly
तितली

Fox
लोमड़ी

Illustrated by Anna Ivanir

www.kidkiddos.com
Copyright ©2025 by KidKiddos Books Ltd.
support@kidkiddos.com

All rights reserved. No part of this book may be reproduced in any form or by any electronic or mechanical means, including information storage and retrieval systems, without written permission from the publisher, except in the case of a reviewer, who may quote brief passages embodied in critical articles or in a review.
First edition, 2025

Library and Archives Canada Cataloguing in Publication
First Picture Dictionary - Animals (English Hindi Bilingual edition)
ISBN: 978-1-83416-558-5 paperback
ISBN: 978-1-83416-559-2 hardcover
ISBN: 978-1-83416-557-8 eBook

Wild Animals
जंगली जानवर

Lion
शेर

Tiger
बाघ

Giraffe
जिराफ़

✦ *A giraffe is the tallest animal on land.*
✦ जिराफ़ ज़मीन का सबसे लंबा जानवर है।

Elephant
हाथी

Monkey
बंदर

Bear

भालू

Kangaroo

कंगारू

Crocodile

मगरमच्छ

Camel

ऊंट

Zebra

ज़ेब्रा

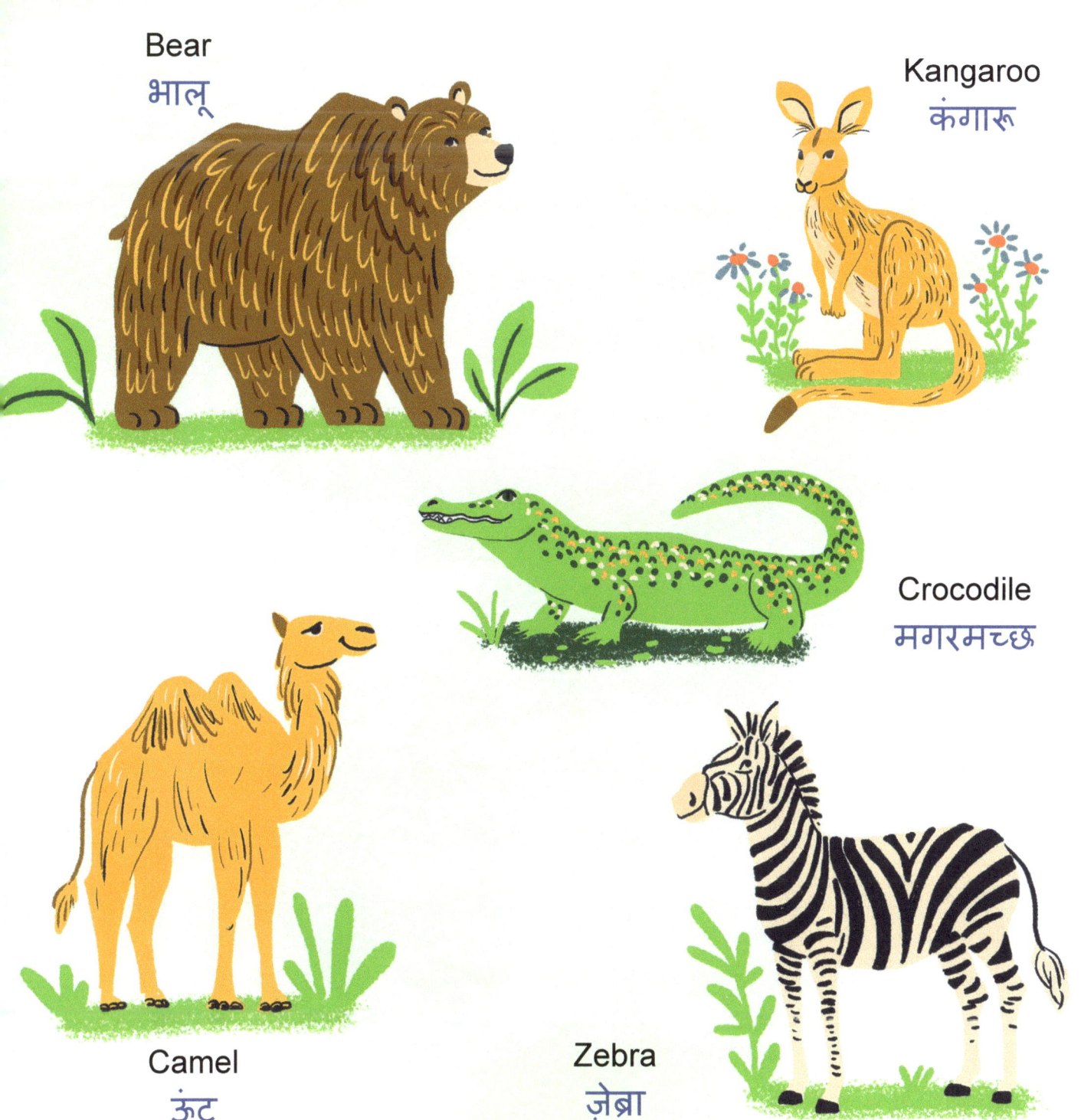

Wild Animals
जंगली जानवर

Hippopotamus
दरियाई घोड़ा

Panda
पांडा

Fox
लोमड़ी

Rhino
गैंडा

Deer
हिरण

Moose
मूस

Wolf
भेड़िया

✦ *A moose is a great swimmer and can dive underwater to eat plants!*

✦ *मूस बहुत अच्छा तैराक होता है और पानी के भीतर जाकर पौधे खा सकता है!*

Squirrel
गिलहरी

Koala
कोआला

✦ *A squirrel hides nuts for winter, but sometimes forgets where it put them!*

✦ *गिलहरी सर्दियों के लिए मेवे छुपाती है, लेकिन कभी-कभी भूल जाती है कि उन्हें कहाँ रखा!*

Gorilla
गोरिल्ला

Pets
पालतू जानवर

Canary
कैनरी

✦ *A frog can breathe through its skin as well as its lungs!*
✦ मेंढक अपनी त्वचा और फेफड़ों दोनों से सांस ले सकता है!

Guinea Pig
गिनी पिग

Frog
मेंढक

Hamster
हम्स्टर

Goldfish
सुनहरी मछली

Dog
कुत्ता

✦ *Some parrots can copy words and even laugh like a human!*

✦ कुछ तोते बोल सकते हैं और इंसानों की तरह हंस भी सकते हैं!

Cat
बिल्ली

Parrot
तोता

Animals at the Farm
खेत के जानवर

Cow
गाय

Chicken
मुर्गी

Duck
बत्तख

Sheep
भेड़

Horse
घोड़ा

Pig
सूअर

Rabbit
खरगोश

Llama
लामा

> ✦ *A goat can climb steep rocks and even trees!*
> ✦ बकरी खड़ी चट्टानों पर और यहाँ तक कि पेड़ों पर भी चढ़ सकती है!

Goat
बकरी

Peacock
मोर

Turkey
टर्की

Animals in Water
पानी में रहने वाले जानवर

Coral
मूंगा

Octopus
ऑक्टोपस

Dolphin
डॉल्फ़िन

✦*An octopus has three hearts and can change colors to hide!*

✦ऑक्टोपस के तीन दिल होते हैं और वह छिपने के लिए अपना रंग बदल सकता है!

Jellyfish
जेलिफ़िश

Seahorse
समुद्री घोड़ा

Shark
शार्क

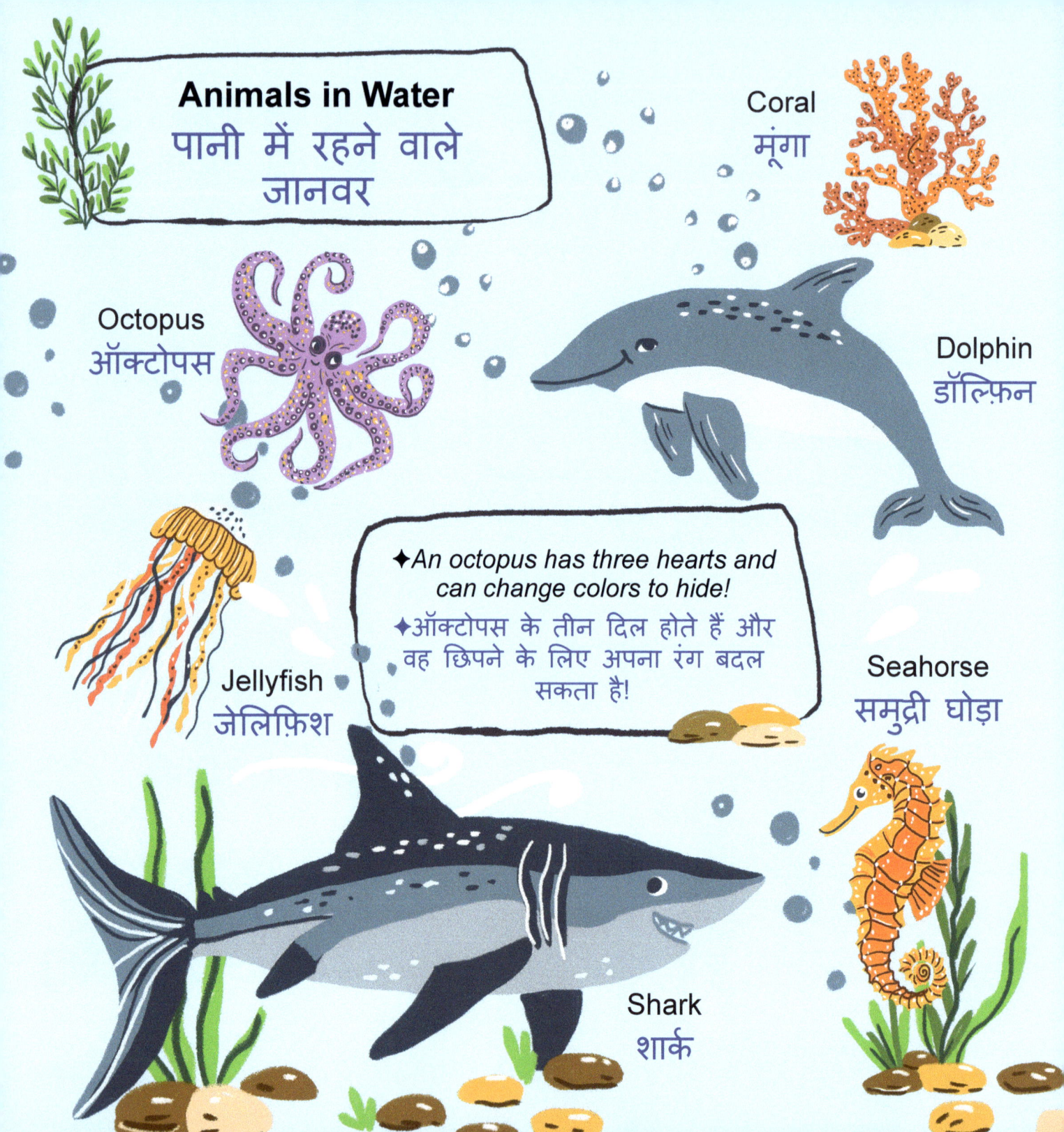

Lobster
झींगा मछली

Walrus
वालरस

✦*A lobster has blue blood.*
✦झींगा मछली का खून नीला होता है।

✦*A seal can hold its breath for 30 minutes while diving underwater!*
✦सील पानी के भीतर गोता लगाते समय 30 मिनट तक सांस रोक सकती है!

Seal
सील

Crab
केकड़ा

Animals in the Sky
आसमान में रहने वाले जानवर

Seagull
सीगल

Woodpecker
कठफोड़वा

✦*A hawk can spot a tiny mouse from high up in the sky!*

✦बाज आसमान से बहुत ऊंचाई पर से भी एक छोटे चूहे को देख सकता है!

Eagle
चील

Pigeon
कबूतर

Hawk
बाज

Mosquito
मच्छर

Dragonfly
व्याध पतंग

✦ *A dragonfly was one of the first insects on Earth, even before dinosaurs!*
✦ व्याध पतंग पृथ्वी पर सबसे पहले आने वाले कीड़ों में से एक था, यहाँ तक कि डायनासोर से भी पहले!

Bee
मधुमक्खी

Butterfly
तितली

Ladybug
लाल भृंग

Animals on Land
ज़मीन पर रहने वाले जानवर

Grasshopper
टिड्डा

Snake
साँप

✦*A snake smells with its tongue instead of its nose!*

✦साँप अपनी नाक की बजाय अपनी जीभ से सूंघता है!

Anteater
चींटीखोर

Worm
कीड़ा

Caterpillar
इल्ली

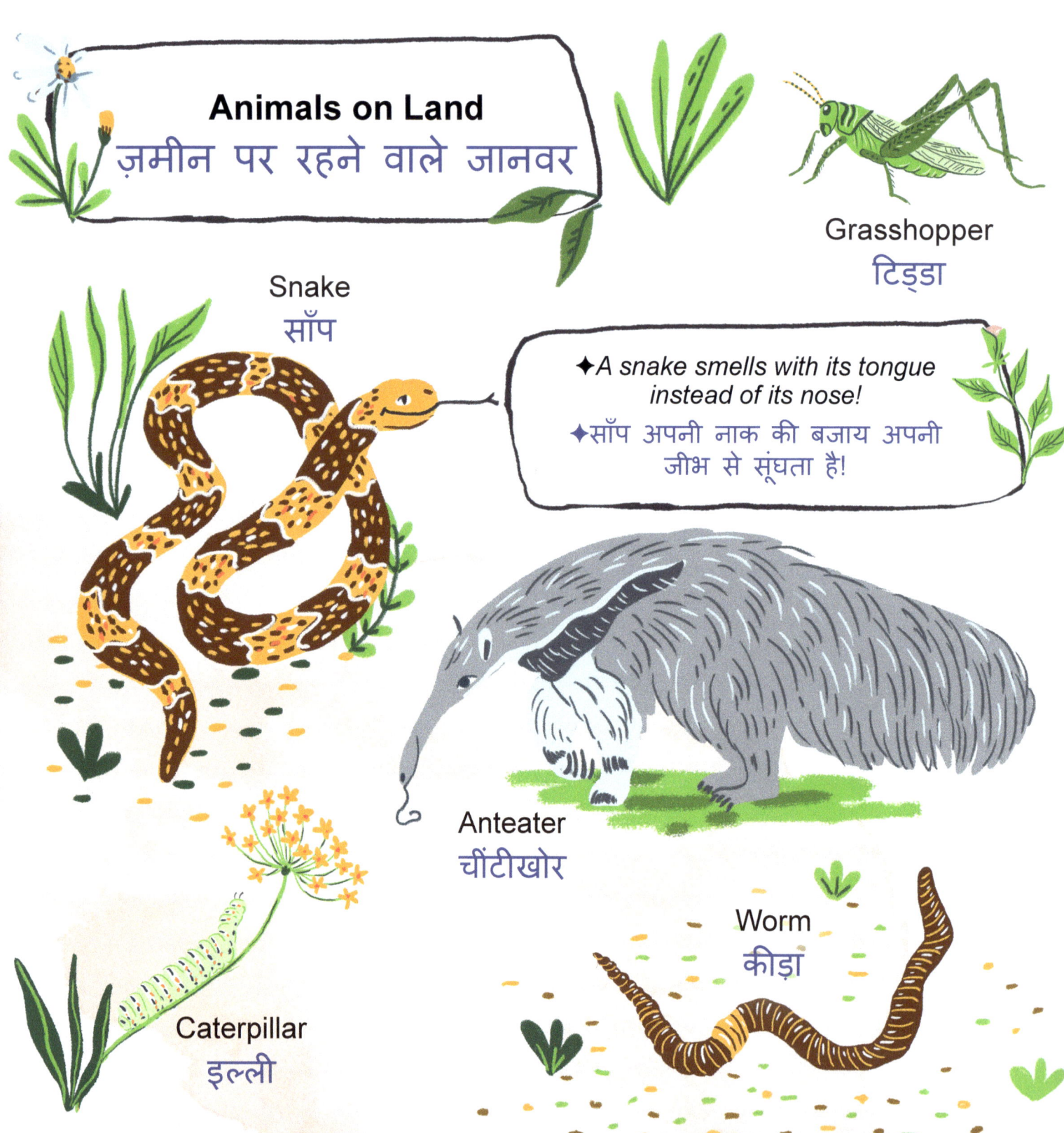

Badger
बिज्जू

Porcupine
साही

Groundhog
ग्राउंडहॉग

✦ *A lizard can grow a new tail if it loses one!*
✦ छिपकली अपनी पूंछ खोने पर नई पूंछ उगा सकती है!

Lizard
छिपकली

Ant
चींटी

Magical Animals
जादुई जानवर

Unicorn
एकसिंग

Pegasus
पेगासस

Dragon
अजगर

Mermaid
जलपरी

Wild Cats
जंगली बिल्लियाँ

Puma
प्यूमा

Lion
शेर

Cheetah
चीता

Lynx
लिंक्स

✦ *A cheetah is the fastest animal on land.*
✦ चीता ज़मीन पर सबसे तेज़ दौड़ने वाला जानवर है।

Panther
तेंदुआ

Big Animals
बड़े जानवर

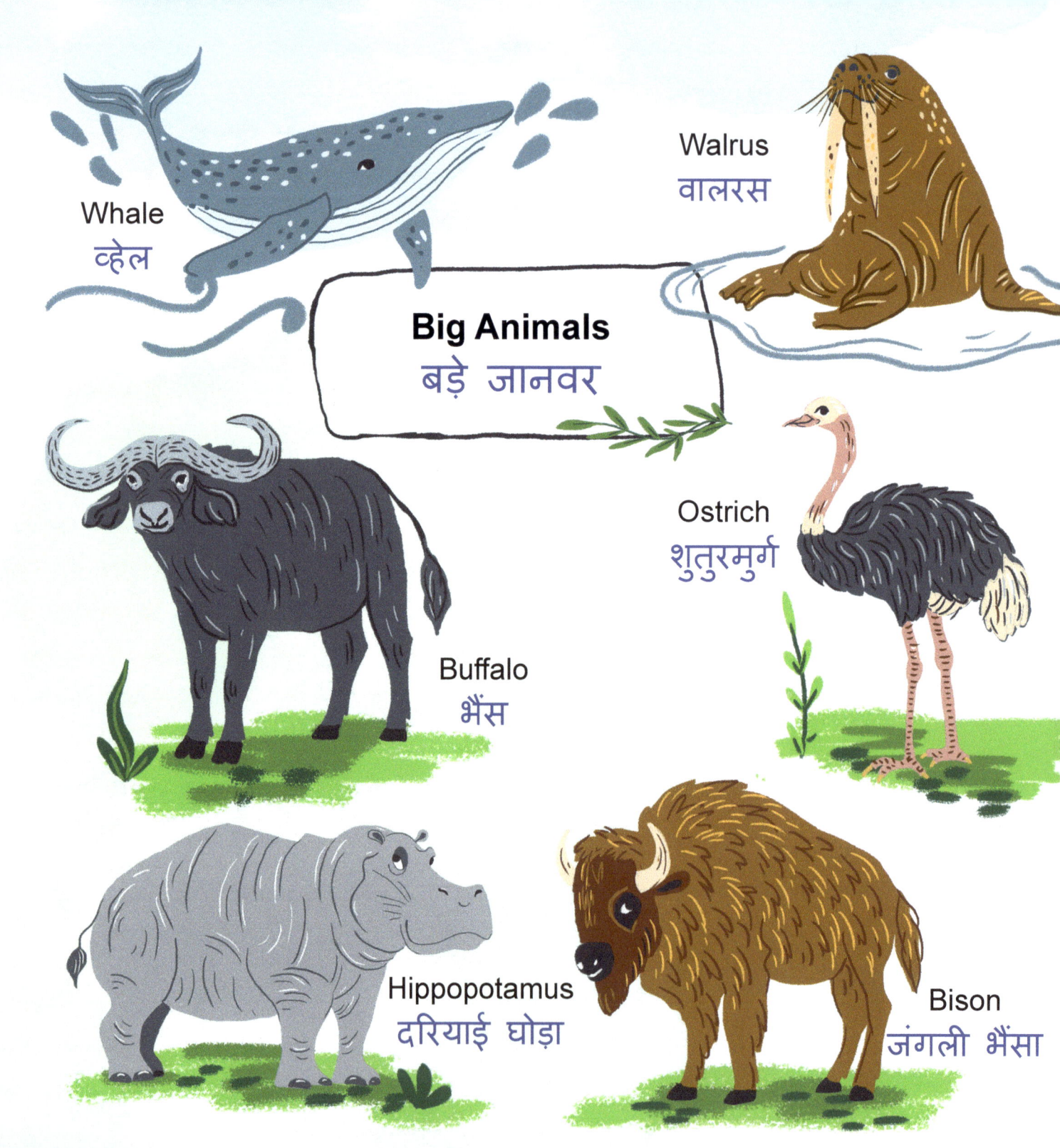

Small Animals
छोटे जानवर

Chameleon
गिरगिट

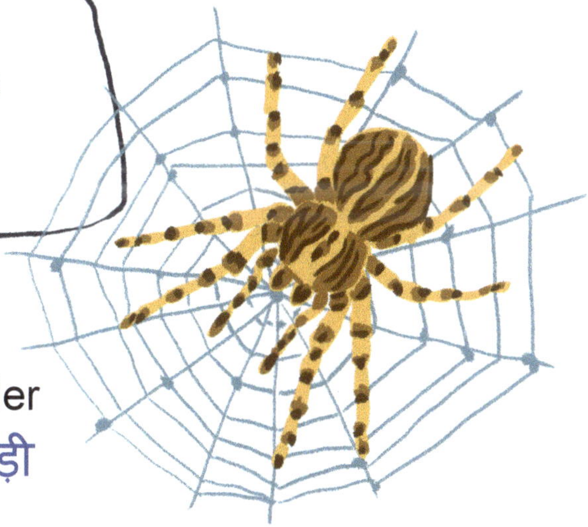

Spider
मकड़ी

◆ *An ostrich is the biggest bird, but it cannot fly!*
◆ शुतुरमुर्ग सबसे बड़ा पक्षी है, लेकिन वह उड़ नहीं सकता!

Bee
मधुमक्खी

◆ *A snail carries its home on its back and moves very slowly.*
◆ घोंघा अपना घर अपनी पीठ पर लेकर चलता है और बहुत धीरे चलता है।

Snail
घोंघा

Mouse
चूहा

Quiet Animals
शांत जानवर

Ladybug
लाल भृंग

Turtle
कछुआ

✦ *A turtle can live both on land and in water.*

✦ कछुआ ज़मीन पर और पानी में दोनों जगह रह सकता है।

Fish
मछली

Lizard
छिपकली

Loud Animals
शोर करने वाले जानवर

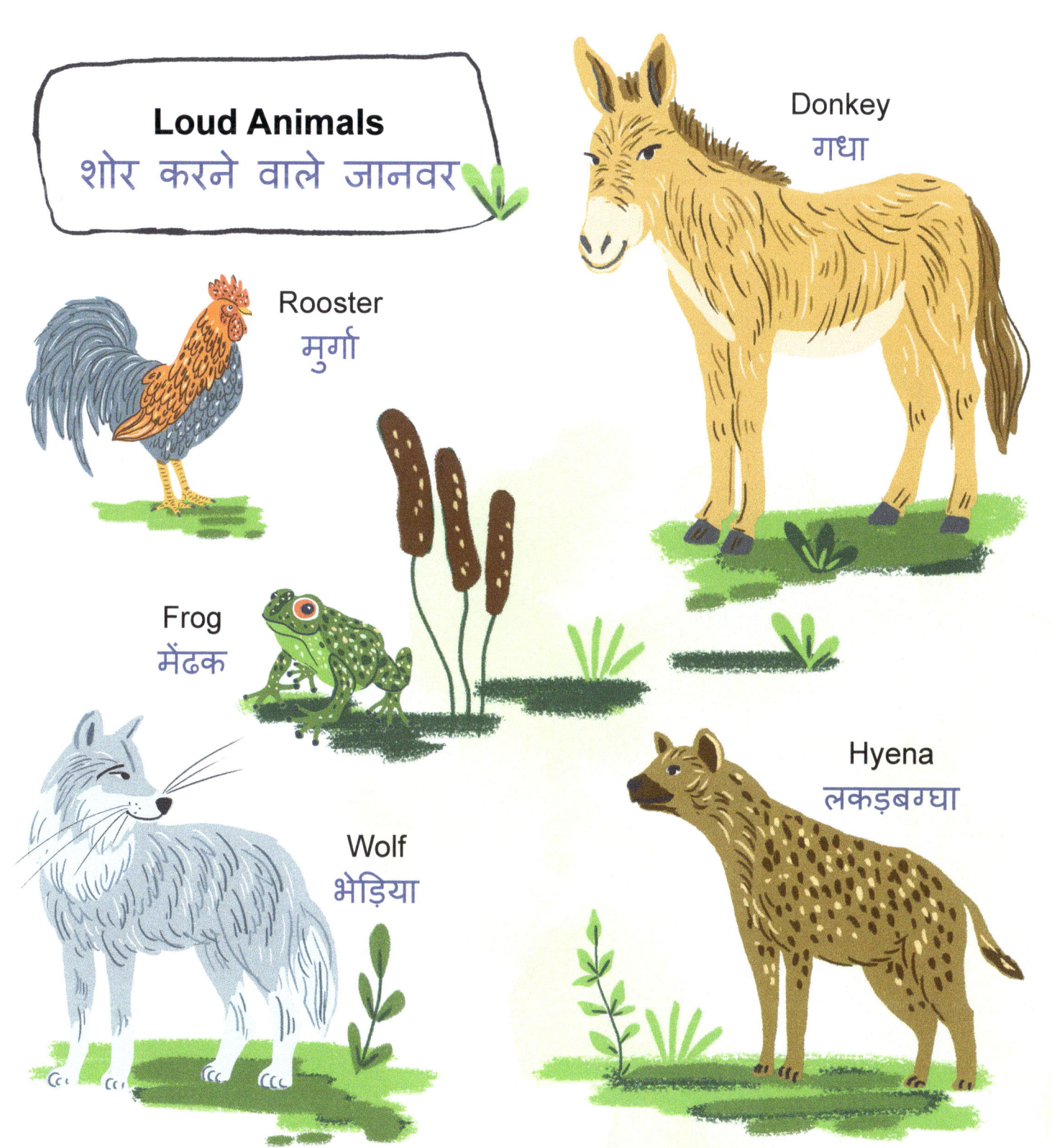

Polar Animals
बर्फीले जानवर

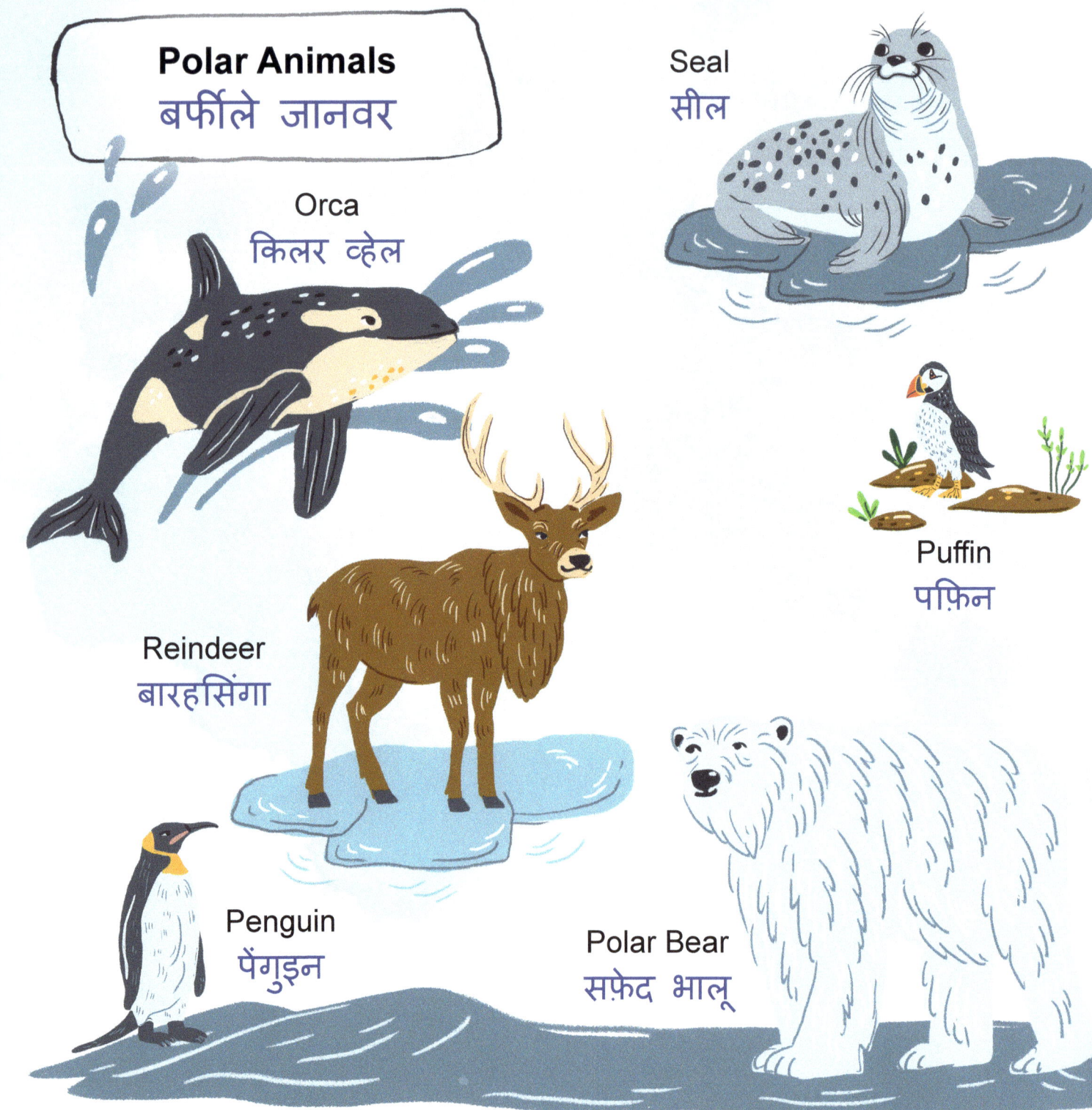

Jungle Animals
जंगल के जानवर

Orangutan
ओरंगुटान

Panther
तेंदुआ

Toucan
टूकेन

Gorilla
गोरिल्ला

Iguana
बड़ी छिपकली

Anaconda
एनाकोंडा

Sloth
स्लॉथ

Nighttime Animals
रात में सक्रिय जानवर

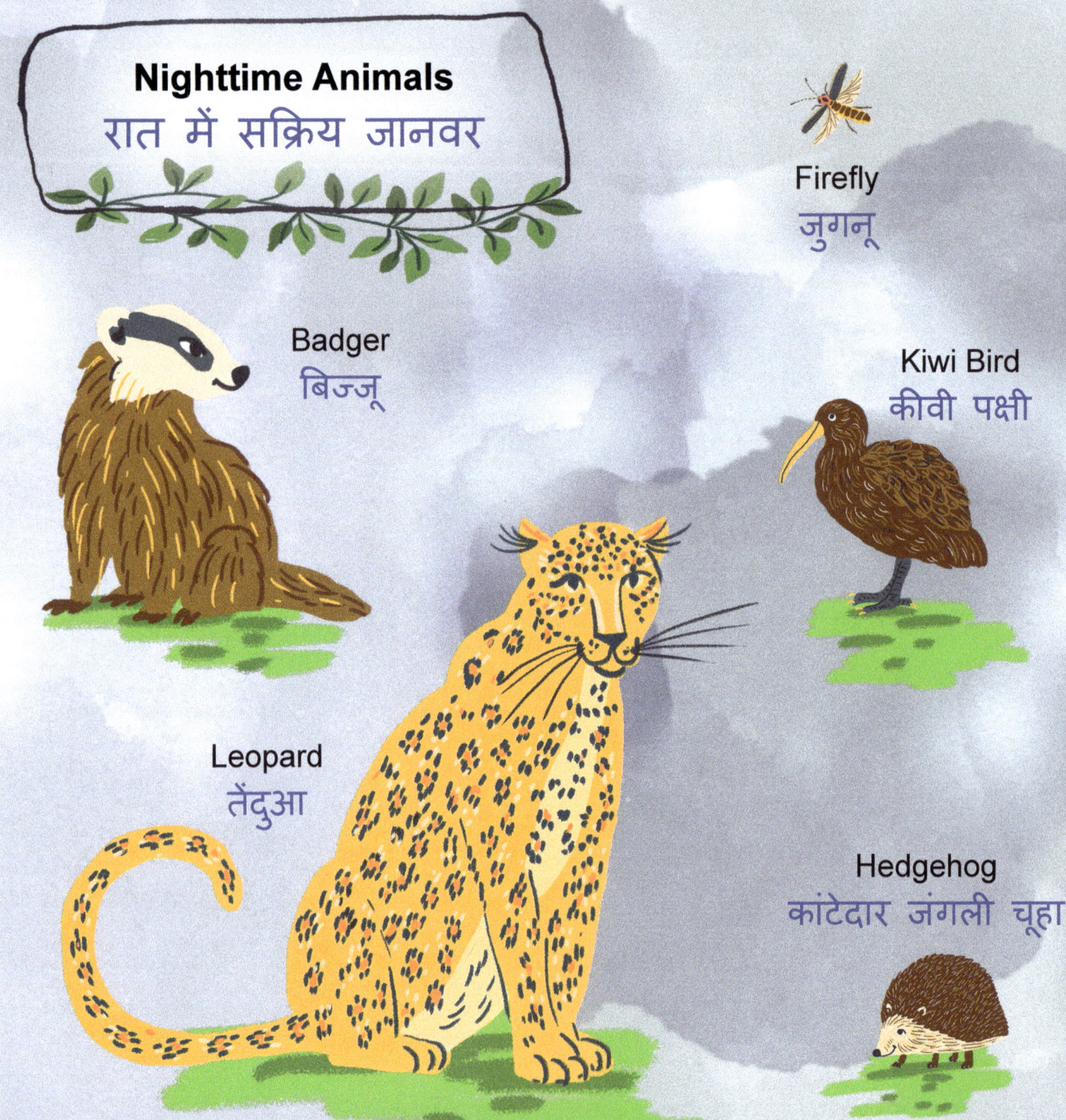

Owl
उल्लू

Bat
चमगादड़

◆ An owl hunts at night and uses its hearing to find food!
◆ उल्लू रात में शिकार करता है और भोजन ढूंढने के लिए अपनी सुनने की शक्ति का उपयोग करता है!

◆ A firefly glows at night to find other fireflies.
◆ जुगनू रात में चमकता है ताकि दूसरे जुगनुओं को ढूंढ सके।

Raccoon
रैकून

Tarantula
टारेंट्युला

Colorful Animals
रंग-बिरंगे जानवर

A flamingo is pink
फ्लेमिंगो गुलाबी होता हैं।

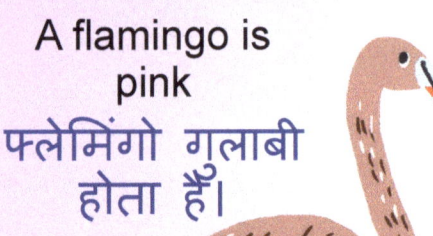

An owl is brown
उल्लू भूरा होता है।

A swan is white
हंस सफेद होता है।

An octopus is purple
ऑक्टोपस बैंगनी होता है।

A frog is green
मेंढक हरा होता है।

✦*A frog is green, so it can hide among the leaves.*

✦मेंढक हरा होता है, इसलिए वह पत्तों के बीच छिप सकता है।

A polar bear is white

ध्रुवीय भालू सफ़ेद होता है।

A fox is orange

लोमड़ी नारंगी होती है।

A koala is grey

कोआला धूसर रंग का होता है।

A panther is black

तेंदुआ काला होता है।

A chick is yellow

चूज़ा पीला होता है।

Animals and Their Babies
जानवर और उनके बच्चे

Cow and Calf
गाय और बछड़ा

Cat and Kitten
बिल्ली और बिल्ली का बच्चा

✦ *A chick talks to its mother even before it hatches.*
✦ चूजा अंडे से निकलने से पहले ही अपनी माँ से बात करता है।

Chicken and Chick
मुर्गी और चूजा

Dog and Puppy
कुत्ता और पिल्ला

Butterfly and Caterpillar
तितली और इल्लियाँ

Sheep and Lamb
भेड़ और मेमना

Horse and Foal
घोड़ा और बछेड़ा

Pig and Piglet
सूअर और सूअर का बच्चा

Goat and Kid
बकरी और मेमना

www.ingramcontent.com/pod-product-compliance
Lightning Source LLC
LaVergne TN
LVHW072056060526
838200LV00061B/4756